AF356660

MORT ET OBSÈQUES

DE

Marie-Joseph de SEPTENVILLE

6-11 FÉVRIER 1889

In pace in idipsum dormiam et requiescam.

(Ps.)

†

Un deuil bien amer vient d'affliger la noble famille de Septenville de Guillebon, fixée depuis nombre d'années au château de Wavignies. Le coup tombe d'autant plus rude et plus lourd qu'il était moins prévu. Atteint presque subitement d'un mal inexorable, dans une visite qu'il rendait à son frère, au château de la Foulerie (Manche), Joseph de Septenville fut moissonné par la mort, le 6 février 1889, à la fleur de son âge, après quatre semaines de souffrances aiguës. Si des supplications vives, réitérées ont tenté vainement de le disputer au ciel, elles ont contribué, sans nul doute, à lui obtenir une mort remarquablement édifiante. Ce jeune homme de 20 ans, riche d'espérances pour la terre, paraissait plutôt fait encore pour vivre avec les anges, tant sa piété tranchait sur l'ordinaire.

Comment peindre la blessure profonde que cette catastrophe a ouverte dans le cœur de M. et de Mme de Septenville, déjà cruellement éprouvés, il y a 10 ans, par la mort d'une sainte fille, enlevée, elle aussi, au printemps de la vie ? Qui dira également leur sublime résignation en face du vide nouveau creusé, à leurs côtés, par la perte d'un fils si justement aimé ?

Joseph de Septenville était une de ces heureuses natures, qui emportent sans peine toutes les sympathies. Les qualités de son âme, de son cœur et de son caractère lui avaient conquis depuis longtemps non seulement le respect, mais l'estime affectueuse de tous ceux qui le connaissaient.

D'une complexion délicate, il avait dû, à son vif regret, renoncer aux avantages d'une éducation régulière, reçue en communauté. Mais ses dignes parents ne négligèrent rien pour lui faire donner, au château de Wavignies, une éducation particulière, aussi complète et variée que possible.

Convaincue, avec Joseph de Maistre, que l'homme est formé à 10 ans sur les genoux de sa mère, Mme de Septenville prit sur elle l'éducation de son fils jusqu'à l'âge de 11 ans. Avec quelle compétence, quelle assiduité et quel amour! Les Anges seuls pourraient

nous le dire. L'amour est au cœur de l'enfant, et par son cœur, à sa vie tout entière,
ce que le soleil est aux plantes et aux fleurs :
une condition d'expansion et d'épanouisse-
ment. On conçoit donc la haute portée du
rôle que Mme de Septenville remplit dans
l'éducation privée de son jeune fils.

Après les joies de la 1ʳᵉ communion de
Joseph, il fallait penser aux études secondai-
res. M. et Mme de Septenville confièrent à
un prêtre intelligent et pieux le soin d'initier
leur enfant aux beautés des lettres humaines
et divines. L'élève, servi par des qualités
d'esprit plus solides que brillantes, s'y appli-
qua tout entier, méthodiquement, avec un
goût, une conscience, une ténacité que com-
battaient seuls les malaises fréquents d'une
fragile santé.

A voir sa physionomie paisible, son humeur calme, sa démarche lente et presque
grave, on devinait dans Joseph de Septenville des goûts sérieux. La mort prématurée
d'une sœur bien-aimée, l'avait éclairé sur le
néant des biens de ce monde. Toutefois,
cette constatation austère ne nuisait en rien
à la sérénité de son humeur. Un bon sens
précoce, un esprit d'observation rare pour

son âge, s'unissaient en lui au double attrait de la candeur et de la franche affection. Il y avait dans son air quelque chose de doux et d'obligeant. Ceux qui ont eu la faveur de vivre dans son intimité savent que, si par suite d'un caractère naturellement modeste et réservé, il témoignait peu, il n'en aimait que plus fortement. Ses nobles parents, son excellent frère, ses vieux et ses jeunes amis emporteront de leur commerce avec lui, le souvenir d'un cœur toujours affectueux, fidèle, dévoué, parce qu'il fut toujours profondément chrétien et pieux.

Comment un tel cœur n'eût-il pas offert à l'amour des choses divines un sanctuaire propice ? De fait, si la vie de Joseph a été courte, elle a montré du moins jusqu'au bout, par le spectacle de ses robustes convictions et de ses saintes habitudes, ce que peut le bon naturel d'un enfant, cultivé au sein d'une famille privilégiée.

> *Sensere quid mens rite, quid indoles,*
> *Nutrita faustis sub penetralibus,*
> *Posset.*

N'était la discrétion qui nous commande le silence, nous pourrions dire les religieuses industries et le culte de dévotion qui, dans la chambre de travail, accompagnaient le mois de Marie et le mois de saint Joseph son auguste patron. On se rappellera long-temps, à Wavignies, avec quel saint empres-sement, chaque année, au retour de la Fête-Dieu, il coopérait à l'ornementation gran-diose d'un colossal reposoir, élevé dans la cour même du château. Pour plaire à Dieu, Joseph savait se priver. Plus d'une fois le dimanche, à l'époque de la chasse, il s'inter-dit, par mortification, ce plaisir innocent, et donna ainsi l'exemple d'un jeune homme exact à tous les offices de l'Église. Dans ce siècle de sans-gêne et de vie facile, n'était-ce pas là un acte bien méritoire ?

Qu'il était beau à contempler ce jeune homme, ennemi juré du respect humain, à genoux au pied de l'autel, appréciant, comme un honneur insigne, la faveur de servir fré-quemment le prêtre à la messe ! Ce qu'il fit tout petit enfant, avec beaucoup de foi et de simplicité, il le pratiqua jusqu'à vingt ans. Et nous savons qu'à son insu, il procurait à la paroisse un réel sujet d'édification.

Tant de vertus solides nous promettaient un bel avenir, au profit de la religion et de la société. Hélas ! cet avenir fécond, le ciel voulut, dans ses desseins impénétrables, nous le laisser seulement entrevoir !

Ostendent terris hunc tantum fata, ne que ultra Esse sinent

La terre avait eu les fleurs, les fruits seront pour le ciel, où les généreuses intentions reçoivent une couronne.

La catastrophe se produisit terrible. En quatre semaines tout fut terminé et la moisson cueillie. Toutefois, la souffrance, une souffrance inexprimable héroïquement supportée, fut le sillon providentiel où devait germer une admirable mort de prédestiné. Les yeux fixés sur son petit crucifix de première communion attaché aux rideaux de son lit, Joseph priait avec une ferveur angélique. Au plus fort de ses cuisantes douleurs, on l'a surpris murmurant à demi-voix : « Mon Dieu, puisque vous le voulez, je le veux aussi : souffrir ! toujours souffrir ! » Et en même temps, il se tenait, les bras en croix, pour augmenter ses mérites et pour se conformer plus parfaitement à l'Image de son petit crucifix. Quand on lui annonçait l'heure des pansements extrèmement douloureux, quelle fermeté il déployait ! « Puisqu'il le faut, disait-il, allons, en route ! » et il supportait, sans mot dire, la morsure plusieurs fois répétée d'un fer brûlant.

On a remarqué, avec raison, que la mort révèle le secret des cœurs. Cela s'est vérifié de tous points en Joseph de Septenville. Fidèle jusqu'au bout à sa douce et patiente nature, il se montra, selon le langage de Bossuet, doux envers la mort, comme il l'avait été envers tout le monde. Il semblait s'entretenir avec elle et lui demander d'où vient qu'on la nomme *cruelle* : Où trouver l'explication d'un tel calme, d'une si complète assurance, sinon dans la préparation d'une vie sérieusement chrétienne, et dans la grâce surabondante des derniers sacrements, reçus avec une sainte ardeur ?

Le moment solennel de la séparation approchait. Avant de rendre le dernier soupir, Joseph voulut obtenir de son père une dernière bénédiction, et lui demander pardon des petites peines, par lesquelles il l'avait peut-être contristé. Le cœur serré par les sanglots, M. de Septenville l'interrompit en disant : « Je te bénis aujourd'hui, mon cher enfant, comme je t'ai béni pendant toute ta vie qui a toujours fait notre bonheur et notre consolation ! »

Alors le pieux mourant, d'une voix tendre et claire, fit ses suprêmes adieux, dont l'écho déchirant retentira longtemps dans le cœur de sa famille et de ses amis : « Adieu papa !... adieu maman !... adieu Raymond !... adieu Geneviève !... adieu tous ceux que j'aimais... Merci, vous m'avez tous bien soigné ! Oh ! je prierai bien pour vous ! Adieu mon cher Wavignies que j'aimais tant ! que c'est triste de mourir si loin ! Adieu !!. »

Quelques minutes s'écoulèrent encore. Joseph renouvela avec générosité le sacrifice absolu de toute sa vie, de sa jeunesse, de ses espérances, d'un long avenir chrétien !

Puis il s'éteignit paisiblement, la main dans la main du digne prêtre qui priait près de lui. Coïncidence frappante, où il est permis de voir autre chose que l'effet du hasard : Né un mercredi, tombé malade un mercredi, Joseph de Septenville est mort un mercredi, dans les bras et le baiser du Seigneur.

Y a-t-il témérité à relever dans cette coïncidence un témoignage visible de la puissante protection de saint Joseph ?

Bénies soient les familles qui rendent à Dieu de tels enfants !

Les obsèques attirèrent à Wavignies, le lundi 11 février, une affluence compacte de parents distingués, de fidèles amis, auxquels se joignit toute la population de la paroisse, grossie elle-même de nombreux habitants des communes voisines. Tous s'étaient fait un devoir, par leur présence et par leurs prières, d'apporter un légitime adoucissement au deuil d'une famille si péniblement éprouvée. On voulait, en même temps, rendre un solennel hommage à la vertu du pieux jeune homme que l'on pleurait.

Mais comme ces larmes étaient mêlées de suaves consolations ! Comme le convoi de Joseph de Septenville ressemblait plutôt à une marche glorieuse qu'à un cortège funèbre ! Comme les flots de lumière, qui inondaient l'enceinte de l'Eglise de Wavignies portaient naturellement la pensée vers la gloire céleste, où l'espérance de chacun plaçait déjà le vertueux défunt !

Les funérailles furent présidées par M. l'abbé Bouchez, curé de Catillon, chanoine honoraire, aidé par le zèle intelligent de

M. le curé de Wavignies. M. l'abbé Boulfroy chanta la messe, assisté de MM. Ducroquet et Jumel, comme diacre et sous-diacre. Auprès du catafalque étaient rangés plusieurs autres prêtres, amis de la famille : Le R. P. Kieffer, supérieur de la Congrégation du Saint-Esprit, à Beauvais, le R. P. Reignat ; MM. Pie, curé de Thieux, Desprez, curé de Gannes ; de Launay, ancien précepteur du défunt ; Dauphin économe et Opéron, professeur de réthorique au petit Séminaire de Saint-Lucien.

A la fin de la messe, M. l'abbé de Launay adressa un adieu plein de cœur et de foi à son cher et regretté Joseph. L'accent de vive émotion avec lequel il retraça les qualités aimables et les fortes vertus de son Élève, toucha jusqu'aux larmes la nombreuse assistance. Au cimetière, un jeune homme de Wavignies, Octave Pillon, fit écho à cet éloge mérité. Dans un discours délicat et chrétien, il présenta la vie de Joseph de Septenville comme un modèle proposé à la paroisse de Wavignies. Qui n'eût pas applaudi dans son cœur à de pareilles louanges ?

Nous sommes fondés à espérer que toutes ces vertus portées au ciel, avec le cortège de prières instantes, ont reçu du Seigneur leur précieuse récompense. N'est-ce pas, en finissant, la plus douce consolation que nous puissions offrir à une noble famille en deuil, chez qui la religion a toujours été grandement. honorée ?

Semons donc des fleurs, à pleines mains, sur cette tombe à peine fermée :

Manibus date lilia plenis,
Purpureas spargam flores :

Mais laissons-nous surtout consoler et édifier, au souvenir de ce bon et pieux jeune homme qui, par sa vie exemplaire, a mérité de chanter éternellement, dans le séjour du Repos et de la Paix : « *In pace in idipsum dormiam et requiescam.* »

L. O.

DISCOURS

Prononcé du haut de la chaire avant l'absoute par M. l'Abbé de Launay.

☩

Il est quelquefois difficile et pénible, mes bien chers Frères, de prendre la parole sur la tombe d'un jeune homme de vingt ans ; mais en face de ce cercueil, si la peine demeure profonde et amère, la difficulté disparaît, grâce aux vertus du cœur et de l'âme qui ont composé la vie de Joseph de Septenville.

Qui ne se rapelle sa bonté, sa douceur, son affabilité ! qui ne se rappelle, avec édification, les sentiments de foi vive, de haute piété qui animaient ses actions ! Comme nous, sans doute, il a dû soutenir des luttes en ce monde, puisque la vie de l'homme est un combat continuel ; mais Dieu a été son secours. Il aimait à se confier dans le Seigneur ; il savait qu'il était bon d'espérer en lui ; il priait toujours le ciel de diriger ses pas dans les sentiers de la justice : il cherchait Dieu de tout son cœur, et Lui demandait la grâce de ne pas pécher contre Lui, car il savait, mes bien chers frères, que le péché est l'opprobre souverain de l'homme, et la ruine de l'âme.

Et, croyez-vous qu'il était attaché aux vanités de ce monde ? Non, non, la mort d'une sœur bien-aimée, enlevée, elle aussi, à la fleur de l'âge, comblée comme lui de mérites et de vertus, lui avait fait toucher du doigt le néant des grandeurs et des biens de la terre : « *Averte, Domine, oculos meos, ne videant vanitatem.* » Ce jeune homme était à Dieu. Je suis votre enfant, *tuus sum ego* ! Je suis votre serviteur, *servus tuus ego sum* !

Enfant, serviteur du bon Dieu, il l'a été toute sa vie ; et vous avez pu voir, mes bien chers Frères, avec admiration, son empressement à servir le Seigneur à l'autel, dans la personne de ses ministres ? Avec quelle foi vive, quel ardent amour il se présentait à la table sainte !

Que n'aurais-je pas à dire de chacune de ses journées, après avoir eu, durant huit ans, le bonheur de vivre avec lui comme un frère près d'un frère ? Comment rappeler sa constance, son courage, au milieu des difficultés qu'une santé délicate accumulait autour de lui ? Constance, courage qu'il trouvait dans la prière, compagne assidue de son travail.

Dans le commerce intime de la vie de famille, près d'un père et d'une mère d'autant plus attachés à leur enfant, qu'ils appréciaient davantage le précieux trésor que Dieu leur avait confié, il a toujours été le modèle des fils par son amour et sa soumission.

Que dire de l'affection qu'il avait pour son frère et de l'affection que son frère avait pour lui ! Il savait comprendre la douceur de cette parole divine : « Qu'il est bon pour des frères d'habiter ensemble ne formant qu'un seul cœur ! »

Pourquoi faut-il que la mort nous ait privés de

tant de précieuses qualités ? Est-ce dans la crainte que le contact des pécheurs ne vienne souiller cette âme ? Non, mes Frères, ce jeune homme avait donné assez de preuves de vertu pour être rangé parmi les forts. Il a été choisi comme une agréable victime, dont le sacrifice pèsera dans le plateau de la miséricorde en faveur du monde.

Une cruelle maladie, comme un dernier creuset, a éprouvé le courage du chrétien ; et, durant près d'un mois de cuisantes souffrances, pas un mot amer, pas une plainte n'est venue amoindrir l'effet des grâces du bon Dieu. Il sentait que le jour de la moisson était proche ; il voyait le juste juge lui tendre la couronne réservée à ceux qui ont courageusement combattu ; et, avec une ardeur nouvelle, il s'empressait d'augmenter, au prix des passagères tribulations de ce monde, l'éternel degré de gloire qui, dans la Patrie, récompense la croix ; il travaillait pour le ciel.

A vingt ans, ce bon et fidèle serviteur est mort pour Dieu ; et entre toutes les œuvres que l'homme peut accomplir sur terre, il n'en est pas de plus grande, mes Frères, que de mourir pour Dieu. La mort qui nous trouve occupés au service du maître est la plus glorieuse et la plus désirable. (Ces paroles sont les paroles mêmes du cher défunt, puisqu'il les a consignées dans des notes privées.) Cette mort a été la sienne. Aussi, nos larmes si légitimes sont mêlées de consolation et d'espérance.

Je vous vois, mon bien cher Joseph, vous reposer dans la joie de la patrie céleste. Vous avez fleur

comme un lis sur la terre, vous fleurirez éternellement devant le trône de Dieu.

Seigneur, rendez à ce juste la récompense promise !
Donnez-lui le lieu du rafraîchissement, de la lumière et de la paix !

Au revoir, mon bien cher Frère, dans le sein du
bon Dieu que nous avons aimé ensemble !

Au revoir, au nom de ceux que vous avez aimés,
au nom de ceux qui entourent cette tombe !

Au revoir, au nom de l'ami, le plus cher de tous,
qu'un deuil amer retient loin d'ici !

Au revoir, mon bien cher Joseph ! au revoir, au
ciel !

DISCOURS

Prononcé au cimetière par **M. Octave Pillon,**

Au nom des jeunes gens de Wavignies.

—.

Cher Monsieur Joseph,

Au moment où cette tombe va se refermer pour toujours sur les restes précieux de celui que nous pleurons, qu'il me soit permis d'adresser quelques mots d'adieu à cet ami bien-aimé qui nous quitte pour s'acheminer vers un monde meilleur.

S'il est quelque chose qui puisse adoucir la douleur causée par votre mort prématurée, c'est cette pensée : Au ciel on se retrouve pour ne plus se séparer.

Oui, votre âme plaisait au Seigneur, et c'est pour cela qu'il s'est hâté de la soustraire aux séductions du monde.

Le moment était donc venu d'aller recevoir la récompense due à une vie pleine de mérite : le Seigneur voulut couronner vos vertus, votre douceur inaltérable, votre soumission à ses volontés divines, votre tendre piété ! Votre belle âme, mûre pour le Ciel, fortifiée par la visite du Dieu de l'Eucharistie, s'envola vers la Jérusalem céleste !

Que vos parents et vos amis recueillent ce pieux témoignage, votre nom vivra dans la pensée de tous et nous qui vous avons connu et avons pu apprécier vos excellentes qualités, la bienveillance de votre caractère et l'élévation de vos sentiments, votre souvenir ne sortira jamais de notre mémoire.

Adieu, ou plutôt au revoir, cher Monsieur Joseph, vous avez quitté cette terre d'exil pour entrer dans la joie du Seigneur. Mais nous n'oublierons pas, dans notre juste douleur, que vous nous attendez au ciel, et qu'au ciel on se retrouve pour ne se séparer jamais.

Adieu ! ou plutôt au revoir !

Clermont (Oise). — Imprimerie Daix frères, 3, place St-André